Disney

La Dama y el Vagabundo

Ediciones Gaviota

Ya es Navidad. Debajo del árbol hay muchos regalos.
Además de Papá Noel, alguien más ha ido de compras.
Una caja se mueve…, y asoma su preciosa cabecita
una perrita que Jaime ha comprado a su esposa Linda.
—¡Qué bonita es! ¡La llamaremos Reina!

Todos se sienten felices. Reina ya no va a estar sola, porque Linda ha tenido un bebé…, es un poco pequeño, pero ¡no importa! Pronto crecerá y correteará con Reina por el jardín.

—Le cuidaré con mucho cariño —piensa Reina.

Pero la felicidad no dura mucho. A la casa llega tía Sara para cuidar del bebé y..., ¡qué horror...!, trae con ella unos horribles y revoltosos gatos que no hacen más que armar follón.

Y, para colmo, tía Sara culpa a Reina de los estropicios. ¡Qué injusticia!

—¡Castigada! ¡Desde ahora llevarás bozal! Y la próxima vez, irás a la perrera, que es donde tienen que estar los perros malos como tú.

Reina consigue escapar de tía Sara.
Pero ahí no acaban sus problemas.
La calle es peor que la casa.
La atacan unos perros callejeros.
Reina está muy asustada, pero un perro vagabundo que pasa por allí la defiende.
—¡Qué valiente! ¿Quién será mi salvador? Está un poco sucio…, pero es un auténtico caballero —piensa Reina.

—Me llamo Golfo, preciosa, y estoy a tus pies —se presenta el vagabundo.
Parece simpático y, además, se ofrece a librarla del bozal.
—Tengo un amigo que sabe mucho de esto… —dice.
—¡Pero si es un castor! Bueno…, qué le vamos a hacer.
Por lo menos, tiene unos dientes más afilados que una sierra.

¡Vaya, vaya! El chucho parece un tipo romántico. Como Reina es preciosa, Golfo se ha enamorado locamente de ella. Para conquistarla, la lleva a comer espaguetis a un agradable restaurante italiano. Canciones, acordeón, velas… ¡Qué maravilla!

Y para hacer la digestión nada mejor que perseguir a las gallinas… Claro que para eso han tenido que hacer un agujero debajo de la tela metálica. ¡Ay, si viene el dueño del gallinero, están perdidos! Reina tiene miedo.

—Esto no está bien. Golfo, más que travieso…, es un granujilla —piensa la perrita.

—¡No quiero volver a verte nunca más! —grita Reina a Golfo.
Y es comprensible. Al final, apareció el dueño; Golfo escapó a todo correr, pero Reina fue atrapada. Estaba perdida. La habían castigado y atado a la caseta. Y además podía volver tía Sara con el bozal.

—¡Deja de ladrar o te pondré el bozal! —grita tía Sara desde la ventana.
Reina ladra como una loca: una enorme y repugnante rata ha trepado por la pared y está entrando en la casa por una ventana. Tía Sara no la ha visto. ¿Quién cuidará al bebé?

—¡No te preocupes, pequeña! —dice Golfo. Reina no sabe muy bien por dónde ha entrado, pero tampoco le importa. El perro ha luchado con uñas y dientes y ha matado a la rata. ¡El peligro ha pasado! Los ojos de Reina brillan de emoción. No hay duda: están hechos el uno para el otro.

Otra vez es Navidad. En la casa algo ha cambiado. Jaime y Linda han adoptado a Golfo. La feliz pareja ha tenido cachorros: tres preciosas perritas y un perrito juguetón. ¡El bebé de Jaime y Linda tendrá unos buenos compañeros de juegos!

1998 EDICIONES GAVIOTA, S. L.
Manuel Tovar, 8
28034 MADRID (España)

ISBN: 84-392-0107-9
Depósito legal: LE. 1.369-1998
Printed in Spain - Impreso en España
Editorial Evergráficas, S. L.

PREGUNTAS

1. ¿Qué regala Jaime a su esposa Linda?
2. ¿Qué ocurre en la casa poco después de Navidad?
3. ¿Quién viene a cuidar del bebé?
4. ¿Por qué castigan a Reina?
5. ¿Cuál es el castigo que recibe?
6. ¿Quién defiende a Reina en la calle?
7. ¿Quién libera a Reina del bozal?
8. ¿Dónde la lleva Golfo después de comer?
9. Algo ocurre y Reina ladra sin parar. ¿Qué es?
10. ¿Cuántos cachorritos han tenido Reina y Golfo?

1. Localiza en la sopa de letras los nombres de los siguientes personajes: CASTOR, GOLFILLO, GOLFO, JOCK, PEG, REINA, SIAMESES, TÍA SARA, TONY y TRUSTY.
2. El dibujante ha introducido seis absurdos en la ilustración. ¡Descúbrelos!
3. Todos los objetos del costurero están repetidos menos uno. ¿Sabes cuál?
4. ¿Cuántos peces hay pintados en el cuadro?

D	O	L	L	I	F	L	O	G	H	R
T	R	U	S	T	Y	S	A	A	O	E
K	O	A	A	G	Y	N	O	T	S	P
C	B	P	G	T	I	A	S	A	R	A
O	S	E	S	E	M	A	I	S	I	C
J	P	P	R	D	C	O	F	L	O	G

E
G
B
C
D
F
3
1
A
2

5. De las plumas que han perdido las gallinas, sólo dos son iguales. ¡Encuéntralas!
6. Une los puntos 1 al 29 y aparecerá un dibujo.
7. ¿Cuál de los trozos encaja en el plato?
8. Con el jaleo armado por Golfo y Reina, un pollito, asustado, se ha escondido. ¡Encuéntralo!

9. Colorea al grupo de perros.
10. ¿Podrías dibujar el motivo del empapelado de un solo trazo, sin levantar el lápiz y sin pasar dos veces por el mismo sitio?
11. ¿De cuál de los tres ovillos está tirando Golfillo?
12. Un objeto del árbol de Navidad no debería estar ahí. ¿Sabes cuál?

1
2
3

RESPUESTAS

1. Una perrita llamada Reina.
2. Que nace un bebé.
3. Tía Sara, que llega acompañada de dos gatos siameses.
4. La han acusado injustamente de las fechorías de los dos gatos.
5. Tía Sara le pone un bozal a Reina.
6. Un perro vagabundo llamado Golfo.
7. Castor, un amigo de Golfo.
8. A perseguir gallinas.
9. Una enorme rata entra por la ventana.
10. Cuatro: tres perritas y un perrito.

SOLUCIONES A LOS JUEGOS

1.

D	O	L	L	I	F	L	O	G	H	R
T	R	U	S	T	Y	S	A	A	O	E
K	O	A	A	G	Y	N	O	T	S	P
C	B	P	G	T	I	A	S	A	R	A
O	S	E	S	E	M	A	I	S	I	C
J	P	P	R	D	C	O	F	L	O	G

2. Hay una ola en el suelo; una estilográfica en el paragüero; una vela de Windsurf en el soporte de la jaula; un sillón en la jaula; un submarino en la pecera, y un grifo en el costurero.

3. No se repite la cinta métrica.

4. Hay 14 peces.

5. Las plumas G y J.

6.

7. El trozo número 3.

8. Está escondido entre las piedras.

10.

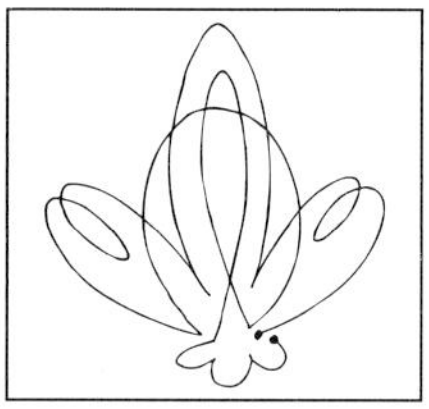

11. Del ovillo número 2.

12. Los alicates; no son un adorno típico del árbol.